오래된 밥상

김병기 시집

詩와에세이

2013

차례__

제1부

제2부

제3부

제4부

제1부

후

꽃다지 냉이 씀바귀
눈썹 위로 손끝을 맞추어
그대의 밥상에 올리네요

허허바다처럼 망망했던
손금처럼 갈라진 밭고랑에서
아기가 그러하듯이
엄마가 그러하듯이
울며불며 생명을 낳네요

겨울 갓 지나 흐르던 눈물이
마침내 들꽃 밥상에 수혈되는
저 빈손의 한 움큼 우주를
바람으로 묶어 그대에게 날리네요

후

꽃그늘 자리

당신 생각하다가 깜박
나를 놓쳤는데
꽃잎 한 장이 빙글
병든 몸을 살짝 뒤집는다

누구에게 붙어 잠깐
온몸을 통째로 바친 뒤
아쉬움도 없이 팔랑팔랑 꽃 진다

마른 꽃잎 한들한들
떨리는 그 아래
수많은 생명의 입들
혀를 길게 내밀어 가볍게 끌어안는다

금세 꽃 다 지고
그늘이 꿈의 무늬처럼 슬쩍
밝음과 어둠을 섞는다

꽃대장경판의 완성이다

아수라

찬바람 불어도 생식의 꿈은 엄연하여
늦은 퇴근에 문을 함께 열고 들어와
한밤에 불이 꺼지면 먼저 달려들어
멸균 처리된 침을 꽂고 빨아댄다
모기에겐 나도 따스운 한 공기 밥이라서
조금은 가려워도 두레상 나누는 거라 생각하고
득득 긁고 잠을 청하는데
손바닥 가려움증은 참을 수 없어 불을 켠다

배때기 축 처져있어 날지도 못하는
세 마리가 벽에 붙어서 중얼거린다
이젠 죽어도 좋아 그치
뭐 그리 즐겁다고 킬킬대는데
채를 들어 직각으로 후려친다
오호 애재라
피가 사방으로 튀어 꽃무늬벽지를 이룬다
으메 붉은 피, 측은하다

어쩌면 죽음도 저런 거 아닐까
배부름에 흠뻑 취할 때 느닷없이
울음에 흔들리며 돌아가는 길 아닐까

이놈들 좀 보게 한 가족의 피를 품고 있었네
가족의 혈맹이 고스란히 담겨있던
피 한 봉지 조심조심 닦다 보니
미안한 마음 불처럼 일어 가슴 한구석이 콕 메인다

냉이꽃

목을 길게 내미는 냉이꽃의 이마를 짚는다
펄펄 끓어오르는 냄비뚜껑 같다
스스로 절벽으로 냅다 뛰어
신열을 식히는지 궁금하다

저 꽃들,
가시 몸속에 붉은 피로 있을 적
참 많이 아팠겠다
그래서 뿌리로 돌아간 이도 있을 거고
아직 마음잡지 못하고 눈치 보는
젖꼭지처럼 봉긋한 설렘도 어수선할 게다

그게 꽃의 운명이라고 귀띔해주는 이 있어
무서워도 김 풀풀 뿜으며 앙 소리 터뜨리며
피 묻은 머리 내미는 덴둥이들 보면
혓바닥이 허옇게 데여도 괜찮다

몸을 찢어 나 꽃으로 피던 날
우리 어머니
몽우리 진 꽃의 눈썹을 보고
봄이다 하고 하얗게 웃었겠다

똑

여름의 가을이 오면
꽃대 위에서 붉은 심지를 올린 거나
줄기 아래에서 튼실하게 안은 거나
사랑이 농익어 몸에서 맘을
어쩔 수 없이 떠나보낼 때가 되면
아주 아무렇지도 않게
씨알과 양식과 거름이 되는
그들의 가벼운 이별이
얼마나 따스한 가르침인지 몰라

생김생김 우습고 못난 것들
그러나 씨눈 하나만으로
갈래갈래 온몸이 잘라져도
자주 꽃 편지 아래
어둠이 섭생하는 부드러운 흙 속에서
눈빛 맑은 가족을 거느리는 감자처럼
때 되면 꼭 잡은 손도 스르르 풀고

그렇게 똑
가짐과 묶음도 없이 떠난다면
얼마나 큰 기쁨일까 몰라

늙은 참새의 임종을 지키다

눈 맑은 아이가
늙고 병든 참새를 손 포개어 들고 와서
아무 말없이 눈물 그렁그렁하다
폐암 걸린 친구의 긴 병상처럼
숨 할딱이는 참새는
동그란 눈을 쉬이 감지 않는다
자식이며 아내며 생각하는 듯
발목을 가지런히 가슴에 묻는다

어—떻—게—하—지—요
어떻게 하지 마라

착한 아이야
살리려고 애써 슬퍼하지 마라
공중이 집인 족속은 죽음도 고고한 법
활활 타오르는 작은 마음의 물집으로
태양을 품고 살던 날개를 펴려고 하지 마라

날마다 사라지는 목숨의 끝을 보았니
나의 들숨 날숨이 다 그들의 눈빛이라서
언젠가는 너도 그들의 숨으로 진단다

손수건 덮어 슬픔을 지우고 싶지만
맨몸으로 살다가는 새의 마지막을
차마 간섭할 수 없다
까닥이던 숨이 얼음처럼 쩍 금이 간다, 꺼진다
나는 새의 발톱이나 깎으며 어스름 장례를 지킨다
검은 새떼가 빙빙 돌다가 내려와 늦은 초혼을 한다

엽서

가을빛 살짝 닿은 것뿐인데
화들짝 놀란 잎이 목숨을 끊는다

잠깐 그대에 대한 시간의 닻을 푸는데
우표처럼 찢어지는 가랑잎, 피 흘린다

잎이 편지 되어 떨어지는데
자음과 모음이 꿈꾸던 한철은 간다

저 커다란 책을 어떻게 읽을 것인가

살구꽃 피는데

절름발이 삼월은 그렇게 지고
그 상처 곁에서 살구꽃 피어
흰 발로 다가가 비벼본다,
어디쯤에서 봄을 물어야겠냐고

아무리 몸을 뒤져도 꽃눈 자리 찾을 수 없어
그대는 어디에 있어 나만 뜨거운가 하고
바람의 창을 열어 귓속말로 밀어 넣으니
아주 먼 길에서 내려앉은 냉이가 웃는다

내 안의 문은 밖으로 닫혀있은 지 오래
꽃이 피면 녹아내린다던 그 빗장
빗방울소리에 깨는 살구꽃 더운 날에
아무 데나 지나가는 나를 열어보는데

그늘 깊은 소리를 담다

싹 돋고 잎 피고 꽃 지는 것들은
아무도 가보지 못한 틈이 있지
살아서 다 부르지 못하는 노래를 담은
원형의 음반처럼 갈증을 기억하지
바람 불면 갈라진 소리의 혀를 내밀지만
혼자 부르는 노래의 끝에선 피가 맺히지

늙은 악사가 노을에 기대어
동그랗게 뚫린 구멍에 손가락을 대고
그들이 미처 못 부른 노래의 길을
막았다 떼었다 하며 허공을 짚는다
속 빈 것들의 마디에선 흐느낌이 일고
안에선 목소리 굵은 짐승이 비비 설워하지

사람들은 일생을 살면서도 다 울지 못한
울화의 악보 하나쯤 갖고 있지
구멍을 내어 내면의 시간을 다 울지 못하고

눈물의 수액으로 꼭 채운 악기 하나쯤 있지
햇빛 쌓이고 눈과 비 내리면
흙에 발목을 묻고 바람이 든 것들은
꽃 질 무렵이면 애끓는 노래를 내뱉곤 하지

의자

자귀나무 아래 늙고 병든
섬 하나 책을 읽는다
나무의 슬픔이라도 안다는 듯
고요한 시선이 팽팽하다
관절 마디를 철사로 친친 동여매고
네 발로 기우뚱한 의자
잠깐 몇 겹의 침묵이 지나간다
노을에서 벗어난 빛살이 내리다 돌아가고
그 발자국에 풍선이 잠시 쉬다 밀려가고
태아의 마른 꿈이 툭 떨어지다 쓸려가고
시간을 해산한 흔적이 있는 나이테처럼
둥근 시선 끝에 어둠이 쌓인다

인도네시아의 울울창창한 숲에서
작은 씨로 태어나 누구의 바닥이 되어
참 많은 것을 앉히고 떠나보내고
붉은 잎이 말을 물들이는 시절을

가만히 올려놓고
자귀나무의 귀퉁이에 저장된 바다를
시린 눈 비비며 다시 한번 쳐다볼 때
우듬지에 벗어둔 붉은 신발에
침묵이 고이다가 흔들린다

숲에 탑을 쌓다

그늘을 거울 삼아 한 뼘 키를 키우는 숲이다

새들이 목청을 깎아 탑을 짓는다
나무의 겨드랑이에 사는 이끼로 틈을 이으며
구름 공법으로 고개 비뚤어진 탑을 쌓는다
알록달록 사리를 낳아 위태롭지만
위험한 짐승이 흔들어도 쓰러지는 법 없고
창문을 닫거나 빗장을 지르지 않는다

짓기 시작한 지 천 년은 되었음직한 절인데
대들보는 세울 기미도 없고
날마다 깃털 목공의 공력으로 탑을 쌓는다
바람이 와서 중얼중얼 무슨 기도를 하지만
아직 해독된 건 한 구절도 없이 묵묵묵
탑은 그림자가 있는 연못에 파문만 드리우고
아사녀는 하루에도 몇 번 물에 투신한다
하여 물속에서 불을 지펴 밤도 대낮인데

정소리 그렁그렁한데도 숲은 미완성 탑이다

뼛속이 빈 새 두 마리가
쇠물고기에 머리를 박아 뎅그렁 휴식을 알리지만
공의를 드리는 숲은 아직도 구층목탑을 쌓는다
천 개의 탑이 완성되어야 한번 우는 새가 있다는데
누구도 그 울음소리 들은 적 없다고 한다

하루도 거르지 않고 탑이 우는 숲이다

목련

연꽃이 흙을 밟고 올라와
공중의 단단한 벽에 수묵화 한 점을 쳤다

저 나무의 자궁에는 아직 담판을 못 내고
남을 자와 떠날 자의 눈빛이 어수선한데
무한대의 자유로 배불렀을 목숨들
깃발을 들고 꽃잎 배를 몰고 온다
그 길은 몸을 찢고 나오는 것이라서
온통 흰 피로 물든 순교의 길이다

나무 연꽃은 피기 전까지 얼마나 울었는가
손을 놓고 배웅하던 피붙이의 안부를 묻는 듯
고개 숙였던 목을 들어 북향을 하고 꿇어앉아
속 깊은 절로 꽃등 하나에 불을 당긴다

꽃 핀다 새여
날아와 저들의 음순을 뜯어먹어라

오목눈이 우체통

작은 집에 세들어 외발 우체통을 세우고 살았다 파란 바람으로 비뚤어진 창문을 내고 붉은 구름을 끊어 수채화 방을 꾸몄다 산에서 베어온 토막나무를 땐 연통으로 열기를 보내고 나면 하루가 다 지나가고 별은 맑았다

편지가 오는 날은 거의 없다 오두막에는 주소가 생성되지 않았고 나도 쓸쓸한 이름을 버렸다 그러는 동안 빨간 우체통의 입은 조금 거칠게 벌어졌고 두툼한 책은 들어갈 수 없는, 그야말로 늙은 영혼이나 가랑잎이 쉬었다 가는 정도의 눈매를 가졌다

무심히 우체통을 들여다보자 동그란 새집 한 채가 배달되어 있었다 정성이 가득한 보금자리에는 눈이 쪼그마한 오목눈이가 푸른 알을 낳고 무슨 생각인지 골똘하다 어떻게 그 좁은 봉투에 입김을 훅 불어 들어왔는지, 누가 먹이를 우표처럼 구해주었는지 묻지 않았다 오목눈이는 배고픈 눈빛도 없이 말똥말똥하다

철없는 하느님

밥알 하나도 흘리지 않고 밥을 먹네요
햇살 환한 그늘 자리에 구부정히 앉아
반쯤 얼근한 노동을 부려놓고
말랐던 몸을 살짝 틀며 올라오네요
설익은 빛과 물과 바람을 반찬 삼아
꽃샘 봄인데도 파릇한 혀를 내밀고
배를 통통 치며 입맛을 다시네요
철없는 새싹 하느님께서
철없는 어린 하느님에게
사는 거 너무 아프게 견디는 거 아니라고
사는 거 있는 대로 껴안으며 사는 거라고
낮은 음성을 슬며시 귓불에 쟁여놓고
아지랑이 솔솔 피어오르는 밥 냄새 풍기며
조금조금 일어나며 초록 꽃잎도 보여주네요

꼴값

저 꼴값하는 놈 좀 봐

어두운 흙을 움켜쥐고
편두통 누런 바람을 잡아채고
여린 햇살을 끌어안고
겨우내 닫힌 창문 틈새로
입 냄새 풍기는 꽃 좀 봐

봄은 탯줄을 목에 친친 감고
울며 보채며 나릿나릿 오는데
꼴값 떠는 병신들 지천인데도
바보처럼 능글능글 웃는
앉은뱅이 개불알풀꽃 좀 봐

개심사

상왕산 중턱에 낡고 닳은 목선이 흔들린다 만조의 바다를 건너와 닻을 내리고 정박한 지 백 년은 되어 기침소리 나는 늙은 배 산이 알섬으로 외로웠을 때 주소를 잃어버린 겉봉투처럼 헤매던 그리하여 어떤 단서도 없이 사그라진 선주에 대한 이력이 나무로 선 풍경 두루마기 다라니경 같은 화경(花經)이 핀다 언뜻 보아선 어떤 갈증을 채우는지 헐어버린 모순을 다독이는지 모르지만 오래된 탑같이 돌옷을 내어 입는다 두드리면 마른 물고기의 뱃속에서 은근히 밀려나오는 부레의 전언이 들리고 깊은 곳에 넣으면 다시는 갈 수 없는 어둠이 모서리가 만져지는 고목에 누가 연분홍 깃발을 꽂아놓았나

어둠이 가래처럼 들끓던 밤 은결 바다를 철벅이며 왔으리라 개심개심 몇 번은 심지에 불을 붙여 바다를 떠나온 자신을 찾았으리라 겹으로 슬픔을 덮은 꽃이 피는 걸 보면 고통을 화려한 탈피쯤으로 알았으리라 저렇게 숭어리 숭어리 확 타오르는 꽃의 살을 만지다가 데인 상처

가 있는 사람 문득 배를 고치다가 찾은 것이 있으리라 썩은 널 모퉁이에서 흰 다리처럼 뿌리가 돋아 가늘고 길게 흙으로 뻗어간 어린 나무의 길을 쳐다보고 있었으리라 하여 현기증 같은 마음을 품고 있다가 그곳에서 뿌리가 되고 줄기가 되고 잎이 되고 꽃이 되어 꽃불을 피우고 있으리라

천라지망

태풍이 온다는 해거름
두 집의 귀를 당겨
둥근 그물을 짓는다

어떻게 저 먼 거리를 건너뛰었나
거미의 깜깜한 뱃속에는 아직
해산하지 못한 책임이 있으리라
하여 무너짐을 알면서도
줄을 매며 배부름을 꿈꾸었으리라

배를 곯아본 삶은
내일을 오늘 걱정하지 않는다
가난한 살림의 두 귀퉁이가
허공의 통점처럼 기울어져 있다

백련사에 오르지 못하고

동박새 피울음 숲길
손시늉으로 짚어 찾아가니
꼬리가 긴 절집 공양 종소리 듣고도
접질린 발목으로 오를 수 없는데,
동백꽃 스스로 목을 잘라
통째로 서늘하게 진다

암내에 미쳐버린 들고양이처럼
꾸앙꾸앙 울어대던 강진 바다가
사붓사붓 기어 올라와
손 모음 절 올리고 산문을 닫는다

옛 임의 설운 길 위에
속 깊은 눈썹이 젖는다

파리에게 알림

서재에 파리 들어와 책은 읽지 않고
이곳저곳에 똥만 싸놓고 치우지 않는다
그래도 대견한 것은 수묵담채 작품의 여백에
덧칠을 한 품이 점묘 기법을 제대로 배운 솜씨다
저것들 사는 거 뭐 있겠냐는 듯 사방을 날지만
파리똥 치우는 것도 이젠 짜증나고 성가셔서
파리채를 들어 그들의 목을 잽싸게 후려친다

햇살 아래 창가에서 책을 읽는데
생쥐 한 마리 날 쳐다보더니 획 뛰어든다
저놈을 어떻게 내보낼까 궁리하는데 후다닥
내 옆으로 지나가더니 책장 뒤에 폭 숨는다
내보낼 참으로 흔드는데 그만 끼었다
털이 제법 윤기 흐르고 눈이 맑은 갓 태어난 놈인데
숨이 폴딱폴딱 뛰다가 몸을 말며 죽었다

속상한 마음이 일어 저놈들 이젠 들어오지 말라고

살금살금 몰래몰래 들어왔음직한 문에
내 맘 아프게 하지 말라고 서둘러 써 붙였다

파리 들어오지 말 것 생쥐도 찍 죽어나갔음

자작나무마을에 살고 싶다

나무 냄새가 풍기는 곳으로 가고 싶다
나무의 숨이 새소리 물소리로 들리는
나무마을에 태아처럼 잠겨있다가
햇살이 휘면 눈 번쩍 뜨고 기어올라
연초록의 보드레한 잎으로 돋다가
흘레붙고 싶은 것들 다 껴안고 꽃으로 피다가
베트남처녀의 눈빛처럼 까만 열매로 맺다가
팔랑팔랑 떨어지는 이파리가 되어 살고 싶다

내 안의 그대와 손잡고
자작나무숲이 있는 곳으로 마실 가고 싶다
산이 하나만을 위하여 소리를 내지 않듯이
계곡이 혼자만을 위하여 물길을 틀지 않듯이
새들이 저만을 위하여 울음을 토하지 않듯이
밥이 밥을 위하여 온몸을 죽여 새살이 되듯이
허리 쭉 펴고 사는 나무의 길이 있는 마을쯤
가을처럼 맨몸의 길에서 노닐고 싶다

설법(雪法)

입춘 지나 눈이 고요하게 내리네요
입술이 새파랗게 시린 나무가 받아
눈썹 위에 곰비임비 올려놓네요
이렇게 눈 맑은 날은
날카로운 이별도 좋겠네요

묻어둔 단단한 씨앗들이
부드러운 흙의 둥근 창을 열고
눈꽃 길로 살금살금 피어나네요
오늘처럼 사랑이 그리운 날에는
다시 사는 그 마을처럼 곱겠네요

제2부

시실리에서

혼자 있는 날이면
그리움도 깊어
나 사는 일이
함께 있었음을 알겠네
이제껏 외로움으로
얼마나 많은 이를
불러세워 길을 물었던가

그대에게 가지 못하는 날
부풀어진 영혼이 서러워 울 때면
눈물로 이룬 강물에
손바닥만한 쪽배를 띄우고
멀리 밀고 나가 돌아오지 않을
시간 한 짐 부려놓고
나에게 미안하다는 고백도 좋겠네

물억새

보잘것없는 품으로 한철을 그렁저렁 지낸
어리석은 선생은 말없이 새를 본다
물살 닿기 전의 그 아슬아슬한 날갯짓과
물결을 차고 나는 그 눈의 곧은 응시

늙은 노을이 내려와 토닥이는 더운 정신,
자잘한 분노에도 금이 간 미움 던져놓고

참 곱게도 흘러가는구나
채움 뒤에는 저렇게 길을 내는 것을
묶어두었던 오랜 서책을 풀듯
낡고 헌 배를 풀어놓는
텅 빈
그래서 아픈 겨울
물억새

개꿈을 훔치고 싶다

갈증이 만수위를 이룬 주유소 옆, 찌그러진 밥그릇 앞, 졸고 있는 엄마 곁

막 털 오른 흰둥이
햇살을 끌어안고
꽃바람 보내고
두 손 그러모아 턱을 괴고
낮게 코를 골며
늘어지게 잠을 잔다

저 개꿈을 훔치고 싶다
다시 살고 싶다

뿔이 산다

바퀴에는 다각형의 둥긂이 모여 산다
바퀴의 무늬에는 죽음의 상형이 있다

다리가 짧은, 얼굴이 착한, 젖이 부르튼
흰둥이가 잠깐 한눈을 팔자 바퀴가 지나갔다, 퍽
짧고 날카로운 비명을 주입하고 누워있다
질주의 길에는 수의도 조문도 없는 주검이
자신의 동그란 바퀴를 빼어놓고 밀착된다

어떤 뿔의 모서리에도 다각의 원이 산다 잠시라도 서 있을 줄 모르는 바퀴는 자신의 내면을 동그랗게 말지 못했다

바퀴를 달고 평생을 기는 저 상징을 보라
지구라는 별 위에서 미끄러지지 않기 위하여
남루한 발자국 팍팍 찍으며 걸어가고
두 팔로 허공의 손을 놓지 못하는 사람들

그들은 거울에서 자신의 바퀴를 꺼내지 못한다

그냥 지나가는 것이 평생의 노동인 줄 알고 살던
한 어머니의 아쉬운 꿈들이 처절하게 으깨지자
본능의 더듬이처럼 어둠이 저벅저벅 내려와
숨이 멈춘 바퀴를 들고 풍장을 치른다

저 바퀴를 보라 다각의 모서리들이 닳아서
기둥을 이룬 바퀴살이며 빔의 가벼움이며 흘러감이며
저기 네 바퀴를 달고 사납게 달려가는 사람을 보라
죽음으로 배를 채운 성난 목숨이다
쓰러지면 결코 굴러가지 못하는 바람 빠진 해골이다

도화에 정박하다

이내 낮게 피는 강에 닿으면
왼손으로 턱을 괴고 결가부좌를 하고 앉아
탁한 정신을 깨우면
빈 배를 밀고 가는 물살이
도화역에 닿게 하리

꽃잎 분분 아픈 상처를 내보이고
외로 쓰러지는 나비가 비탄을 팔락거려도
도화의 숲에서는 함부로 움직이지 마라
빈 배는 어느 곳에 매인 적 없었으니
다리를 풀고 내릴 일 없으리

천 개의 하늘 눈이 천 년을 살다간 자리에
맑은 물결 그대로 찰랑찰랑 흐르거늘
도화강에서는 쉽게 눈을 돌리지 마라
강물이 빈 배를 데려가는 대로
아무런 기침 없이 그대로 순종하여라

생의 강물을 한번 돌고 나면
우리는 간절한 합장을 풀고
손금처럼 가늘고 깊은 바닥을 드러내리

가만히 정신을 깨워라
어디에 닿아도 도화국 아니겠느냐
내리지 않아도 영원한 정박 아니겠느냐

꽃에 배를 묶다

저물녘 연못에 나와
꽃의 허리에 배를 묶는다
밥이 익는지 한소끔 끓어오르는데
낡은 시간의 편지가 둥둥 떠다니고
조급증이라도 집어넣은 듯 잠시 떤다

몇 번이나 이 서늘한 곳으로 와
손톱 아래 생살을 가시로 찔러
붉은 꽃불을 부끄럼처럼 켜고
그대의 눈빛과 내 눈빛에 다리를 놓았던가

탑에 핀 꽃의 마음이야 바람이 알겠지만
가슴에 심지를 내밀어 불을 붙이고
가으내 상한 잎처럼 붉던 헤어짐을 뉘 알겠나

수면을 치고 올라와 무슨 일 있냐고
툭툭 낯선 안부를 묻는 이 몇 있었으나

털을 뀐 굽은 손가락에 스며드는
그 느리고 낮은 숨의 온 곳을 알 수 없어
꽃대를 꺾어놓고 빈 배로 돌아온다

귀를 후비다

새끼손가락을 뾰족하게 깎아
귀를 후빈다

음파에 밀려온 자갈이 차다
언제부터 물의 입술이
저 단단한 돌을
깨운 것인가

둥긂이
침묵의 모서리가
경계를 넘지 않고
무덤을 이루는 것

고막을 두드리며 경계를 넘은
소리의 무리들은
부드럽게 소멸은 했는지
몇 개의 궁금증이

하얗게 채집된다

씨앗의 잠

막노동꾼이 삼백 년 느티나무 그늘을 덮고 잠들었다 빛살이 얼굴에 설핏하다 씨앗의 머리에는 남루한 어제의 흔적이 눌려있다 흙을 찾아 바람을 떠다닌 지 오래된 운동화(運冬靴)를 벗어놓았다 씨앗은 겨울을 견디는 줄 아는가 꿈에서 잠을 자는지 잠에서 꿈을 꾸는지 날개를 접다 펼치다 하며 뾰족한 입을 실룩거린다 꽃잎에 앉아 있는가 보다

무엇이 저 늙은 씨앗을 여기까지 데려왔나 달팽이처럼 부드러운 속살을 숨기고 거친 몸으로 기어다니던 껍질에는 나선형의 지문이 가득하다 돌아보면 탯줄 뻗는 자궁이 그립고 탯줄 끊긴 배꼽이 서럽고 오죽이나 안타까웠으면 시멘트로 목을 붙인 돌관음보살의 젖이 도는가

달팽이집을 끌고 다닌 지 오래 껍데기에 상처가 참 많다 나는 누구의 미래에 와 있고 나는 누구의 현재에서 길을 찾고 나는 누구의 과거를 걷고 있는가를 묻는다 이별

은 하였는지 허공을 떠도는지 고운 흙 위로 싹은 내미는지 알 수가 없다

안부

밤새 내린
초록비에 연초록 잎들
잘 씻겼다

아침 햇살 번지자
잎 속까지 투명하다

맑은
그대의 맑은 소식도
반짝인다

사각사각

벌레가 다닥다닥 모여서
단풍의 어린잎을 사각사각 썰어 먹는다
얼마나 맛있는지 눈을 마주쳐도
아랑곳없이 설익은 가을을 먹는다
조금 더 자라면 날개를 반짝이며
불빛 아래에서 파닥이다가 죽을지 모르지만
가끔 날아와 몸을 매달고 쉴 곳까지
다 먹어치울까 봐 괜한 걱정이다

제비

몇 사람이 떠나버린 인력시장
허공에 매달려있는 여덟 마리 제비
아직 성숙되지 않은 족속이다
입속에는 박씨가 있었으나
어제의 채무에 소비되었다
파란 때가 낀 발톱은
직립의 힘을 잃었다

강남을 다녀온 지 오래된 초여름
어디에도 싱싱한 젊음을 내려놓지 못한 그들
눈빛은 날카로우나 발목에 매인 편지에는
수취인불명의 낙인 선명하다
무작정 시장 근처를 서성이는 것이 직업인
저들의 날개는 나사가 풀려있다

또 한 대의 차가 떠났다
저들을 서 있게 했던 놀라운 힘들이

사차선을 어지럽게 질주한다

청양집

시장 모퉁이
막걸리에 쉰내 나는
얼굴 불콰한 입가에
허옇게 흘러나오는
나이테 수북한
말도 말아먹으며
행인의 이마에 봄 오른
노랑 눈매 흘끔 비껴서 본다

때 절은 벽지도 떨어진 허름한 집
깍두기 한 보시기 앞에 놓고
놀란 돼지의 귀때기를
삶은,
따뜻한
국밥 한 그릇
마주하고

가슴 뜨끈한 사람이 그립다

사과장수 지나가다

낮잠이 안개처럼 깬다
아이들의 목소리가
창문 틈으로 기어들어 온다

사과요 사과 사과
달고 맛있는 굵직굵직한
꿀사과 한 짝에 팔천 원
사과장수의 목소리가
확성기에서 푸르게 퍼지는 처서
부드럽게 내린 빗물이
전깃줄에 우담바라꽃처럼 매달렸다

나도 어느 가을
씨앗 내리기 전에
목숨이 비틀려 따지면
사과장수의 억센 목소리로
낯선 골목을 흘러 다니겠지

왔어요 왔어요 막 따온 푸른 삶
상처가 많고 슬픔이 깊었지만
그럭저럭 견딘 영혼이
두 근에 만 원

어라 우담바라꽃 천 송이가 다 졌네

울릉도에서

양식이 필요한 갈새는 빈 배가 쓰라릴수록 가볍게 하늘을 베어 상현달에 문신을 새긴다 섬에 온 사람들은 또 하나의 섬을 품고 왔는데 술 마시다가 파도처럼 취한다 사선으로 다가오는 바다의 직립에 부레로 둥둥 떠 있는 형광의 배는 흉어기 소식에 수평선 밖으로 출항을 한다 폐경을 숨기던 여자는 해무에 젖어 황홀한 듯 깔깔웃음을 자르르 뱉는다

섬은 침엽의 방식만을 나무에 단다 바람에 찔린 날은 천년 고독의 나이테를 그은 향나무처럼 살아가던 별도 몇 개의 침엽을 가진다 거칠게 손금이 난 산등성이에 불던 고달픔이 조금씩 소실되는 괭이갈매기의 울음도 찔리지 않기 위해 가시를 돋으며 살아가듯이 그물을 펼치던 사람들의 거친 손가락도 가시를 달고 바다를 찔러댄다 만 촉광의 집어등에 채집 당하여 튀던 오징어의 할복 내장만 보아도 화석 가시가 성난 짐승처럼 우는 것을 듣는다

누군가 바다 위를 걸어오고 있다 거대한 저항을 품고 흔들리는 사람 파면을 고르며 오는 이의 이마에는 몇 마리의 희망이 손도장처럼 찍혀있다 하현의 관념이 엷게 살 오르는 밤 내일이면 이곳을 떠난다 사랑을 노래할 때마다 외로움이 자리 잡고 생의 관절이 삐걱거려 신음한다 어둠은 육지로부터 질어오고 등대의 갈증만이 자욱한 안개처럼 퍼지는 섬

무릉마을 일박

깊은 산사에 어둠이 내려와
좁은 산길을 느릿느릿 지운다

온 길로 다시는 가지 말라는 듯
긴 꼬리 새가 다녀간다
감나무 꼭대기가 휘청한다

스님은 시든 꽃처럼 앉아 소주를 마시는데
두꺼비 한 마리 걸어와 절을 한다
뭔 일 그리 깊어 밥도 짓지 않고
흐린 밤에 사시는가 묻고 싶지만
내 몸도 불빛 아래 집을 지은
늙은 거미의 배고픔에 걸려있으니
애써 누구의 시름을 걱정할 것인가

나무 물고기는 먼 바다로 떠나고
탑도 단청도 풍경도 없는 절에

부슬부슬 내리는 비가(悲歌),

멈칫한다

난, 피다

아흐레께 물을 주지 않고 놀았더니
아니 글쎄 난이 피었잖아요

목울대 꼿꼿이 세우고
환장하게 빛나는 꽃이 펴서
향향 울고 있더군요

울지 마라 울지 마라
목숨이 어찌 그리 가엾기만 하겠니
사는 일
눈물샘 마를지라도
한 송이 불꽃 되어 타오르니
누굴 탓하며 외로운 길을 떠나겠느냐

난 잎에 물 흘려주니
꽃의 볼만은 젖지 않게 해달라는 말이
내 귀를 꼭 깨무는데요

난 누구의 혀를 잘라
꽃대를 이을지 막막하네요

모과나무가 있는 빈집

바람이 독촉장처럼 밀려오는 집
쓸쓸함이 입속에서 엉키는 낡은 집
해돋이의 고왔던 동살과 해넘이의 따스한 노을이
부화되지 않은 알처럼 모과나무에 뿌려지던 마당
끈도 풀지 않은 운동화가 방으로 들어가 소식 없는
무너진 가장의 일대기를 전시한다
암벽화처럼 해독도 안 되는 백묵의 낙서
실패한 혁명국기처럼 검은 혀를 내미는 그을음
태아처럼 손과 발을 끌어모은 곤충의 집
주름진 노인의 얼굴처럼 빈집을 지키는데
먼지 덮인 중학교 도덕 교과서에 밑줄 그어진 믿음은
기울고 허물어진 돌담을 가로질러 미끄러진다
한때는 작은 방에서 밥솥처럼 김을 올리다가
밥물 같은 눈물을 흘리고 밥풀처럼 뭉쳐 살면서도
기어코 세상의 양식이 된 억센 노동은 손을 놓았다
모과나무가 노을의 키만큼 높아질 때
안광현네 가계는 옹이 같은 가난을 이끌다가

기둥에 달린 온도계처럼 한 눈금 내려앉았다
어지러운 마당에는 국화꽃이 피다가 쓰러지는데
떠난 자의 배후가 만져진다
느슨하게 풀린 한 집안의 활줄을 당겨보는데
집의 내력을 읽고 나오는 상현이
모과나무에 상처 난 어둠을 건다

까치집 신호등

죽었다고 말하자 나뭇가지는
하늘을 일제히 날아오른다
신호등이 있는 전봇대 위에서
까치집의 대들보도 되고
웃는 얼굴 수막새도 된다
바람이 불면 몹시 떨지만
한 개의 희망도 잃지 않는다

까치집을 헐어본 사람은 안다
아주 사소한 것도
벽에 걸고 감상을 하거나
견고한 고집 같은 흙도
밥풀처럼 이겨 사는 것을

입춘 시샘에 손등이 터지는 줄 모르고
사나흘 바람을 끌어당겨 집을 짓는다
돼지고기 전문집인 한양불고기집과

국산 쇠고기만 엄선해 판매한다는
대도숯불갈비집 사이에 서까래를 올린다
조금은 가난해도 배부를 수 있다는
그들만의 풍수사상이다

그리하여 까치집은 파란 신호등이다
넘어지기 쉬운 사람들에게
희망 운수점을 쳐주고
복채 같은 시선을 받아챙기는
초록 나무 신호등이다

삭을세놈니다

수동 6통 2반 반장댁 대문 귀퉁이
거칠게 떨리던 손이 비뚤비뚤 지나갔을
서투른 글자가 내 눈알을 걸어놓는다
삭을세놈니다

낡고 헐은 바람벽에는 우울의 낙서투성이라서
몸 하나 거둘 곳 있을 리 만무한 집인데
삭아빠진 세를 놓는다는 건지
삭신이 쑤신 놈을 찾는다는 건지
삭은 몸뚱이를 보러 오라는 건지
도무지 깃들 수 없는 기우뚱한 담벼락에 기댄
나의 그림자를 떼어낼 수 없다

갑자기 꼭 너 같은 놈의 등짝을 보면
쩔쩔 끓는 방바닥으로 지져주고 싶다는
갈퀴 손 닮은 사람의 안부가 궁금해진다

아직은 몸이 쓸만하다고 넋두리 내려놓고
싱싱한 집 한 채에 대한 미련은 있다고
윽박지르듯 가래를 탁탁 내뱉는 외골목

뻥을 맞다

눈 내리는 박물관
휘황한 조명을 받으며 뻥을 맞는다
몽롱한 시간의 환상
손가락이 가느다란 보살의 입속에서
법열 몇 개가 만져지고
몇 명의 장인과 쇳물이
섞이는 장면이 중첩된다

입가에는 청자의 금가는 소리가 터지고
가만가만 옮기는 발자국 따라
반가사유상의 날렵한 허리에 온기가 느껴진다
저 몸이 되기 위하여
수천 근의 아픔을 녹였을까

가고 싶은 반가사유상의 나라

제3부

숭고

나는 숭고한 밥상 하나를 갖고 있지
몸을 누이며 곱게 올라온 바다의 살점 세 토막과
칼을 받아도 온몸을 보시하는 돼지의 영혼 두 근과
뿌리째 뽑혀 올라와 끝내 향기를 술술 풀어넣는
순한 나물 몇 뿌리로 이룬 밥상 말이지
게다가 핏물이 도는 손길에서 빠져나온
정성이 가득한 양념이 섞인 밥상이지

그것들 다 첫 마음 담아내온 것이지
자신의 목숨을 내주어 이루는 저돌적인 사랑이지
사랑하는 일보다 사랑하지 않은 일이
더 어려운 것을 아는 자에게 받은 편지 같은 거
한 방울의 눈물과 말라버린 혓바닥까지도
내가 다 토막토막 내어 받아먹으리
나의 사랑이 그대의 사랑을 알 때까지 얻어먹으리

현미에 웅크리다

침묵의 껍질이 가볍게 벗겨지고
주름진 골에 수만 갈래 햇빛 강이 흘렀을
혹은 몇 개의 좌절이 검은 물감으로 번졌을
쌀 한 톨에 앉아 웅크려있다 추억이란 건
살아있음에 대한 악성종양 같은 통증이라서
내 몸 곳곳에 상처가 눅눅한 깊이를 가졌다
이제 높고 쓸쓸한 숙임의 미학(米學)을 얻고
아직 미열을 남긴 채 벗겨진 이마에
희망의 겹을 가지고 있지만 존재는
늘 이상과 현실에 먼지처럼 방황한다

나는 작은 방에 갇혀 너를 위하여 시를 쓴다
배부름이 주는 갈증을 식히기 위하여
사랑이라는 단단한 쪽지에 부활을 새겨넣는다
밥으로 익는 동안 복발하는 눈물 참을 수 없어
아침 안개처럼 얼굴을 숨기고
다신 벼꽃을 그리워하지 말자고 다짐도 한다

늦가을 된서리보다 단단한 맹서처럼
꽃의 순간을 풍기는 일 이젠 접자고 애원도 한다

그러나 나 아직 살아있다 그대에게
씨눈 하나 보여줄 수 있는 기다림이 있고
붉은 피 뿜고 받아들일 수 있는 넉넉함이 있어
모로 누운 휴식처럼 웅크리고 있어도 따스하다
나로 하여금 필 꽃에 대한 기대가
잠깐 뜸 든다 해도 난 괜찮다 난 괜찮다

밥이 아프다

무겁구나
네 몸에 구멍을 뚫어
나를 꼭 붙들어 매고
멀리도 걸어왔구나
많이도 아팠던 순간의 눈썹들이
질질 끌려다녔을
찹쌀같이 하얀 그늘의 비애
이제 너를 품고
따스한 몸으로 번지며
나를 이룰 것인가
그래서 묻노니
너에게 묶인 나
풀어갈 길 알려줄 수 없겠나

어제는 모락모락 차지게 익은
밥 한 그릇
제초제를 쿨럭이며 마시고

꿈을 솎아 떠났다는데
그리하여 묻노니
이 땅 흙 속에 깃든 씨알은
사시사철 굽은 허리에
저승꽃이 피고 지며
왜 아프기만 한 것인가

닭의 자궁을 훔쳐먹다

닭의 자궁을 훔쳐먹은 지 꽤 오래
그들은 식은 모래 밥을 먹어
알을 낳은 후에 병아리 울음을
들은 적 없이 또다시 밤중에도
흰 불빛 아래서 둥글고 따스한 해산을 강요당했다
얻어먹은 밥보다 큰 따스한 알을 낳아
밥값을 하는 닭에게 부끄럽다

밥을 먹었으나 밥을 이루지 못했다
밥을 먹고 하는 짓이
폭력과 증오와 사기와 질투였다
먹는다는 건 낳는다는 걸 알지 못하고
먹는다는 건 나눈다는 걸 알지 못하고
지독한 냄새 풍기는 저속한 음악에 속해있다

이 사람아 그들의 살과 눈물을 먹었으면
아무리 투명한 철창 속이라도 알을 낳아

탁 깨져 밥이 되는 세상 만들어봐야 하지 않겠나

밥의 의관정제

밥 한 그릇의 의관정제를 물끄러미 쳐다보면
갑자기 울컥 올라오는 것이 있다
저 밥 앞에서 나는 하루를 똑바로 살았는가 물어보니
붉은 노을이 따귀를 후려친다
흩어진 몸 추스르고 풀린 눈 힘주어 뜨고
무릎을 꿇어도 북받쳐 오르는 나의 길은 오리무중이다

밥 너머에서 휘도는 강물의 노래가 들린다
어머니의 손가락이 흔들리며 노래를 불러들인다
그들 앞에서 나는 무엇인가
그 쓸쓸함의 눈빛 앞에서 나는 얼마나 부끄러운가

한 그릇 밥에서 눈물 냄새가 난다
울지 않고서는 밥이 될 수 없었던
그 따스하고 질펀한 노동의 힘에 섞인 숭고들
등이 굽은 밥 한 덩이 앞에서
나는 어떻게든 엎질러져야겠다고 생각한다

따뜻한 혁명

밥은 혁명을 꿈꾸며 익는다는 포고문을 본다

밥이 담긴 궁전에 윤기가 자르르 흐르는 인류 보편의 역사가 한군데 모이게 하라 가난한 자와 늙은이들과 대기근의 사막 사람들과 배고픔을 느끼는 인류의 허기들은 다 모여라 더불어 나눈 밥은 외롭지 않으니 서로 먹여주는 밥은 쓸쓸하지 않다 사해동포들이여 같은 숨을 나누는 형제여 이리 와서 꽃가루처럼 터지는 거룩한 밥을 마주하라

한 덩이 밥은 잠시 어두웠음으로 환한 빛으로 꽃핀다
죽은 자들의 활개여
믿음과 사랑과 하늘 섬김으로 손잡은 생명들이여
한솥밥의 사상이 여기에서 끓고 있으니
잠시 기다려라
밥 익는 동안 곰곰 침묵할 일이다

밥 끓는 냄새가 난다

진눈깨비 내린
흰 태양이 숨어있는 정원 모서리
잎이 모조리 진 우듬지에
초록 받침대를 세우고 자란 눈 좀 봐

귀한 손님이 오셨나
봄의 밥상을 차려놓고
아궁이에 불을 지피는 것이
어려운 살림에 조바심을 집어넣고
매운 눈물을 훔치며 밥을 짓는 것이

뜨거움이란 잎을 한 뼘 올리는 것
김 오르는 나무에 밥물이 흐른다
누가 솥뚜껑을 열어놓았나
밥 냄새 훅 끼치는 나무
저렇게 잎을 내민 안에서도
나이테는 가난을 묶고 있는지

바람이 낭창낭창 다녀가면
언 볼을 비비며 껴안은 밥알들

저 모과나무의 정성을
어떤 밥그릇으로 담을 것인가

순대

꼴린 적 많고 뒤집힌 일 깊어
배알이 뒤틀린 채 튀어나왔는데
죽기 직전에 배내똥 다 쓸어내고도
허전한 듯 속을 빵빵하게 쟁이고
모락모락 김을 피우는 허기진 국밥집

속 다 빼내고 간 것들은 어느 곳에서
뜨끈한 국물 한 사발에 엉긴 피로 굳거나
막걸리 두어 잔에 짓이겨진 살로 넘어가거나
손바닥 불나도록 빌다가 고김살 지폐를
동그랗게 밀어 넣을 때 콧구멍 찢기면서
복안도 없이 사라졌을 터인데

그래도 뭉툭한 칼맛은 알아
환장할 일이라도 둥근 몸을 내밀어
입속에서 웃음을 오물거리게 하는데
구불구불 스며드는 그 밥이라는 거 참

배부르다며 시의 행간처럼 불뚝해져서
이만하면 됐지 하며 애간장 녹이는 순대
밤새워 고치지 않아도 참말 좋은 시여

불륜의 밥상

밥상에 앉으면 온갖 것이 살아
존재하던 목숨들이 모여있음을 본다
잡채 닭볶음 고등어자반 미역국
홀로 이룬 내 몸이 아님을 아는 사람은
그 앞에서 경건해진다

저것이 받아먹은 빛살이며 물살을 기억해낸다면
저들이 내 탯줄을 이은 자궁임을 안다
이제까지 내 입이 모든 입과 함께 맞닿아 있음을 알면
그 안에서 어머니를 만나고 아버지를 뵈옵고
돌멩이같이 굳고 단단한 손을 만난다

이 맛있는 밥을 불륜이라고 말하지 마라
우리도 그렇게 섞여서 피와 살을 이루어 평생을 산다
이 세상에 근친상간 아닌 거 무언가
혼혈 아닌 거 또 무언가

쌀을 안쳐놓고

순백의 뜨물을 몇 차례 보내고 밥솥에 손등 못 미치도록 물을 맞추고 나니 고요하던 내 안의 물살이 휘돌면서 끓어오른다

씨눈 모조리 빼 버리고 쌀끼리 반듯하게 누워
익음을 기다리는 시간을 무엇이라고 부를까

빛을 먹고 바람을 먹고 물을 먹고 흙을 먹고 투박하고 순박한 손으로 올린 얼을 먹으면서 남으면 남는 대로 흘려보내 더 가지려 않고 모자라면 모자란 대로 힘껏 살던 흰옷들 양수를 쏟아낸 저편의 기억이 있기 때문인가 그 먼 곳에서 냅다 뛴 멍들이 불씨를 끌고 와 꿈을 끓이면 서로 부둥켜안고 밥물 흘리는 저들의 속내를 생각하면 먼저 눈물나는데

한 톨 속에 깃든 저들을 무엇이라 부를까
밥어머니라 부르며 몸으로 모시면 염치없는 걸까

밥이라는 악기에 대하여

밥 먹고 사는 목숨 중에
악기 하나 품지 않은 것 있겠나

풀이 흔들거리며 햇살을 껴안고
깊은 곳에 뿌리를 뻗어 물을 올려
바람에 향주머니 같은 온몸 내주며
봄날에 얼굴 은근슬쩍 내밀 때
나비의 몸짓은
밥의 소리에 흔들리는 춤 아닌가

사람이 밥 먹기 전
죽음의 현을 퉁기며
사색의 밥을 넘기지 않았다면,
피 스민 곳마다
치는 소리 뜯는 소리 부는 소리
그런 숨의 가락이 밀려나오겠는가
말 한마디에 따스한 눈물이 고이는

사랑의 노래가 구불구불 흘러나오겠는가

목숨을 목숨으로 먹는 일
그리하여 생명이 이어지는 일
모르고 살면
밥이 되겠는가 똥이 되겠는가

화북양조장

낯선 방문에 컹컹 짖던 수캐는
두 발 위로 얼굴을 묻고 잠이 든다
연신 내려 뛰는 눈발에 비틀거리는 양조장
늙은 가지에 쌓인 소식들을
해금처럼 아앙아앙 떨군다
황달 주인은 막 거른 술을 내오며
혀 꼬부라진 목소리로 신세타령을 한다
삼대를 내려온 양조장을 맡아
학교 행정직을 때려치우고 내려왔지만
문 닫고 상주에서 살 걱정에
몇 개의 절망이 식은 눈처럼 차갑다

눈은 소금처럼
툇마루에서 시절을 씹어대는 사람들을
고등어처럼 절여놓고 내린다
한 사내가 거친 손금의 길을 따라가다가
가계에 대한 분노를 내뱉는다

탁탁 털어 넣는 왕소금 안주에는
해독되지 않은 갑골문자가
까칠한 혓바닥을 오르내리고
희망의 노래는 식은 화로처럼 잦아든다
마당을 겹으로 덮던 눈은
백열등 주위의 취기를 연신 닦아내고
꿈꾸던 개는 자꾸만 몸을 뒤척인다

아무도 일어서서 돌아갈 길에 대하여
말이 없다 울타리 옆으로 난 길은
비음 섞인 흘림체로 비칠비칠 걸어가고
천장에는 음기 가득한 냄새가 지독하다
한 사내가 눈발 들이치는 처마 밑에서
눈물의 사연으로 자꾸만 딸꾹대는데
나직이 부르는 노래가 유언 같다

개화

흙의 어둠에서
가늘게 뻗어나가 입이 된 뿌리가
꽃 한 짐 잔뜩 부리고 졸고 있다
개화도 새 삶을 위하여 가는 길이라고
그 환승의 계단을 밟지 않고는
꽃 피는 거 없다고 은은하게 향 번진다

내 몸은 낳으신 분의 똥이거나 밥이니
저 꽃 또한 똥이거나 밥이다
물 불 흙 바람 죄다 들어있는 온몸에서
힘차게 터지는 쌀밥의 탄생신화다

저리 부드러운 꽃잎이 되기까지
길에서 길 찾느라 얼마나 애썼을 것이며
주린 배를 움켜쥐며 견뎠을 것인가
저들의 은밀한 사타구니에서 새어나오는
말씀 좀 가만히 들어보시게

다 이루었다
예수가 이룬 저녁이 저러했으리라

꽃이 하늘 틈새로 얼의 밥을 낳지 못했다면
피는 꽃이 얼마나 가엾으랴
저기 꽃 핀다 모심과 섬김이 섞이는
꽃밥이다 꽃똥이다 정겨운 두레밥상이다

끓어오르다

밥상 앞에서 뚝배기처럼 끓어오른다

눈 못 감고 접시에 누운 꽁치 곱게 발라 냉큼 입에 넣는다 순간 바다의 지느러미가 서늘하게 닿는다

내 무슨 덕으로 저 깊은 살점을 먹는가

한 생명이 숨을 거두고 먼 여행 끝에 어두운 입에서 산화공덕을 이룬다 그리하여 입은 열린 무덤이다 목구멍 넘어간 바다의 서족에게 저승에 대하여 묻는다 그대의 몸 의탁하기 괜찮으신가 뼈를 이뤄 하늘을 받치고 피를 이뤄 땅을 적시고 살을 이뤄 나를 완성한 후에 똥이 되어 사라지는 그대여 생목숨 잡아먹은 지 오래되었구나

몸이여 가엾은 공동묘지여
그냥 밥만 먹고 산다면
죽어간 그대에게 무슨 말씀을 아뢸 것이며

죽음이 다시 산다는 잠언을 어떻게 올릴 것인가

해장

지난날의 끝물을 빚어 새벽이 얼굴을 내민다
어제는 죽었고 오늘은 재생된 구첩밥상이다
해맑은 이마 아래께
눈물 첨벙이던 노래가 일어나
생애의 새날을 끓인다

어제와 오늘을 견디고 있으나
나는 도무지 깨끗하게 죽을 자신이 없다
곧은 자세를 하고 뭉툭한 칼을 받으며
온몸이 으깨지고 찢어지고 저며져서
한 그릇의 뚝배기를 끓게 할 용기가 없다

새벽이 날을 벼리며 온다
빛의 군단을 막던 어둠이 비틀거린다
끈적이는 골수의 흔적들
은전처럼 쓰러지는 넋들
국밥처럼 뜨거운 김도 올리지 못하고

주린 배를 움켜쥔 가여운 짐승처럼
소문난 25시 뼈다귀해장국집에서
찬 소주를 마시며 붉은 취기를 쓸어낸다
마구 엎질러진 어제의 얼룩이 다시 일어선다

할렐루 밥

예수의 성의 앞에서
두 손을 밥알들처럼 꼭 쥐고
손끝이 하늘 향해 따스해지는 밥상이다

한때 가시를 익혀 자신을 증명하던
먼 곳에서 오신 숨탄 것들에게
움푹 깊어진 기도의 숟갈을 든다

조심스레 두개골을 열면
녹이 잔뜩 슨 못 자국 넷
흘러내리는 핏줄기 다섯
들끓는 눈물 석 되로 지은
거룩한 밥때

죽음이 고요한 죽음을 거느리는
죽음이 펄펄 뛰는 생을 거느리는
살아있음이 주검의 다음을 거느리는

유다의 변명이 지은
밥의 내력이 꾸역꾸역 넘어간다
선짓국 한 사발에
쏟아지는 이 은전을 무엇으로 감당하랴

지금 모시는 이 저녁의 밥은
다 이루었다는 말씀 한 모금을 모시는 일이니
지금 섬기는 이 해넘이 밥은
둥근 몸에서 나온 사리를 우려내어 먹는 일이니
눈 번쩍 뜨고 일어나는 생명을 낳는 일이니

그날도 십자가에선 온몸으로 밥을 이루었으니
할렐루 밥

불의 밥상

한번 태양의 궤도를 벗어난
그대는 봄날의 다짐을 잊지 않고
불의 무게를 씨앗에 밀어넣었다

그래서 붉고 맑고 서늘한 빛을 쟁여놓은
작은 은행 한 알에는
태양의 비밀장부가 한 권씩 들어있다

밥 한 그릇 먹는다는 것이
우주의 배부름인 걸 모른다 하기엔
너무나 많은 것을 알아버렸다

살아있는 것들은
아무리 뾰족한 인내를 가졌어도
상처 난 둥근 이마는 눈부시다

내 정수리에서 자란 나무에게서

햇빛 냄새가 난다

꼼장어미륵사

미륵부처님이 꼼지락거린다

바다의 주소를 잃어버린 후
해저의 눈물을 다 흘릴 때가 되면
토막 난 척추에서 골수를 쏟아내고
고소한 번제의 설법을 진지하게 한다

까맣게 탄 숯이 불씨를 품어
온몸이 젖어있던 꼼장어를
석쇠에서 노릇하게 구워내면
냉큼 집어삼키며 사리를 찾는다

저렇게 잘려나간 생이
혹여 내 전생의 아바타는 아닐까 하고
요리조리 뒤적이다가
질경질경 씹어 넘기다가
왠지 모를 서러운 생각이 들면

소주를 냅다 들이킨다

시방은 폐허된 미륵사이지만
소금에 절여진 부처님 한 마리
혹여 만날까 하여 꼼장어를 먹는다

소신공양 한 채

국밥 한 그릇

국물에는 눈알이 아름다웠던
눈 밖의 우주 한 채가 들어있고
뚝배기에는 그들을 띄울 눈물이
포르르 끓어올랐을 것이네

내가 그대를 바라보는 게 꽃이라면
그대가 나를 이루는 것이 밥이라면

한때는 끝없이 흔들리고 싶었던
그 열정이 잠시 녹았을 것이나
이제 다소곳이 몸뚱어리 거느리며
목숨으로 기지개 펴고 일어나 고동칠 너이니

애인아 국밥 한 그릇 말아 먹을 때에
고맙다는 꽃잎 연서보다는
미안한 반성문 한 줄이 사납게 그립구먼

흰죽처럼

딱딱한 몸이 풀어져
끓는 물에서 팔팔 살아서
그대의 상처 깊은 몸으로
아으, 풀어질 수 있다면

생생한 기억을 가진 지난날을
나를 위하여 추억으로 갖지 않고
그대를 위하여 응어리 하나 없이
으깨져서 착한 영혼이라도 된다면

나 이대로 죽으리라
그대 사는 게 나였거니
나 사는 게 그대였거니
흰죽 한 사발로 그대를 모시리

제4부

부끄러웠다

멍든 가을이 오자

맑은 거울이 보였다

마냥 부끄러웠다

곪은 서풍이 그냥 지나쳤다

발작

둥근 돌만 보면 발작을 한다
몸은 태아처럼 웅크려지고
입은 노인처럼 근질거린다

둥근 것에는 모난 시간의 비늘이 반짝이고
자궁보다 깊은 바다가 춤을 춘다
가만히 만지면 거친 호흡이 들리고
가파른 절벽의 흔적이 만져진다
가끔씩 밖으로 나와 혀를 날름거리는
물의 초상이 희미하게 얼비치는 날에는
밥그릇의 바닥을 넘어가는 개처럼
마른하늘을 보고 짖기도 한다

나는
물의 심장으로 만든 돌에서
흰 뼈로 자란 생명을
비밀스런 혹처럼 내밀었는데

그래서 아이에게 시퍼런 물결 반점이 있다

나는 둥근 돌만 보면 환장한다
그 속을 얼마나 드나들었는지
몽유의 문턱은 맨발처럼 만질만질하다

숲길에서 보낸 한철

인간의 길에서는 얼이 빠진 사람처럼 자주 길을 놓쳤다
이 길이라고 믿었던 고집스런 신념도 눈처럼 녹고
저 길이라고 다짐하던 사상도 신기루처럼 허무했다

인공의 길을 나와 오래 묵은 숲에 드니 좋았다
처음엔 숲의 백성들이 우는 거 같아
무섭고 두려웠으나 숲길 짙어지자 환한 길이 보였다
햇살의 손가락을 보고 물길의 발자국을 찾으며
두꺼비거나 도롱뇽의 축축한 설법도 진지하게 배웠다

봄 여름이 와도 인간의 숲에는 길이 없었다
배부름의 꿈을 위하여 모심과 섬김의 간절함이 지워진 길
무딘 손마디에서 사골처럼 우러나오는 깊은 맛이 사라진 길
숲이 망가진 회색 도시는 그늘의 길을 보여주지 않았다

가을 지나고 겨울이 오자 숲은
초록을 모두 거두고 청정의 길을 내었다
그들의 길은 더 가지기 위하여 함부로 착취한 길이 아닌
서로에게 손 모으고 낮은 절을 하는 생명의 길이었다
그 맑은 터에서 나는 한 그루의 나무로 동화되었다

고상

가늘게 눈뜨고 누워서
12층 창 밖으로 획
성호를 긋는 꼬리 짧은 새의 잔상을
오래 보다가
우울하게 매달린 십자가에서
창백한 사내의 배알도 없는 얼굴을 보았네

하늘에겐 할 말 다 전했다고
고개를 지구본처럼 기울인 채
우는 어미에게 달려가고 싶은
한사코 남루한 실루엣

저 다리를 펴서
임에게로 난 외길 걷게 하고 싶지만
가시면류관을 윤나게 닦아
폭염에도 반짝이는 초록 잎처럼
흰 구름 푸른 배경에 보내고 싶지만

내 손에 깊게 박힌 대못을 뺄 수가 없었네

사내는 내 모습 안타까운지 저벅저벅
내려와 상처 난 옷을 나에게 입히는데
비린내 훅 끼치고 정신은 오히려 차가운데
내 어깨에 얹은 팔목에서 흐르는 핏물이
순결한 입술에 와 닿는 정오 지난 화들짝

미안합니다
내 몸이 그대 떠난 형틀이었군요
그대가 날마다 아파했을 십자가였군요
그래서 내가 그대에게 고상고상 박혀있었군요

해가 서는 날

슬픔의 암세포가
다른 슬픔의 유두까지 전이 되었다
내 안에서 스스로 갇혀있었던
때로는 심장의 폐사지에 서 있던
몇 개의 탑들도 병들었다

지난해였던가
재생되지 못했던 내 가슴의 아래께
푹푹 파서 당신은 꽃씨를 묻고
꽃 피기를 바라고 기다렸지만
오래 지나도 묵묵부답이었다

절름발이 예수께서 말씀하셨지,
이제 나이를 먹을 만큼 먹었으면
싱싱한 바람의 알갱이들이
너를 흔들어 먹구름이 된다고 해도
옥수수 한 알의 고단함에 대한 변명처럼

가을에는 한 알씩 네 몸을 던져버려야 하지 않겠니

슬픔에 뿌리혹박테리아처럼 기생하는
이 입김들아 나는 곧 사라져야겠다
내 안의 암(暗)들이 이미 등불을 켜고
누군가의 어두운 생애를 서럽게 밝힌 적 있으니 말이
다
미련의 성서를 덮고
그대의 발밑에 선명하게 으깨진 꽃잎처럼
부활의 노래를 서럽게 부르다가 증발해버리는
이슬의 잔해처럼 투명한 빛으로 스며들어야겠다

모래 인간

무형의 그림자를 찾아 나섰다
바위로 살았던 침묵의 해구이거나
공중부양으로 떠돌던 구름이거나 했던
막막한 점, 그리고 별이었던 발자국들

고비에서 타클라마칸 사이
갈라진 혓바닥에 흐르는 피 맛으로 배를 불리고
앞발을 단호하게 꺾어 바다를 건너던 낙타의 무리와
유사의 서역을 걷는 길

하반신이 녹는다
본래 모래의 족속이었던 나는
명사산 능선을 비껴 발목과 무릎을 풀어
경을 지고 가다 모래가 된 폐선의 허파처럼 운다

눈도 코도 입도 귀도 모래로 이루어진 아무것도 아닌
나

바라보면 부처의 손가락이 잘리고
냄새를 맡으면 정신이 마비되고
귀를 후비면 그간의 못된 망상이 열 길은 파이고
입을 열면 황사처럼 태양도 잠식하는
모래 인간

다리를 사막에 묻고 오는 길
신기루처럼 다리를 달고 오는 옛길
오랜만에 내린 비에 반듯하게 깎아놓은 자화상에
지상의 어두운 골목이 내려앉는다

이 사구에서 얼마나 더 붉게 뜨거워져야 하는가
얼마나 모래의 짐을 사막에 다 부리고
인간의 짐을 인간의 숲에 다 내려놓고
형체도 없이 그대의 길이 되어 고요해질 수 있을까

하늘가의 장례식

죽음이라는 단어의 끝을 잡고 팽팽하게 당겨야
비로소 밥이 된다

다섯 살 아이는 숨을 거두고 누워있다
몇 사람의 눈이 붉은 꽃처럼 충혈되지만
모인 사람들은 아무렇지 않게 몇 잎의 기도를 한다
아이의 손에는 아직 놓지 않은 장난감이 있어도
그것은 살았을 적 유희였으니 손을 벌리고
그가 가졌던 소유를 가만히 거둔다

터덜터덜 오르는 산골짜기마다 이별을 찬양하는
붉은 흙에는 삭은 뼈와 깃털이 섞여있다
마치 갈망은 이미 지나간 꿈이라고 하듯
바람이 가느다란 말을 하고 구름이 잠깐 듣는다
차가운 몸으로 숨을 내통하는 일이 힘겨운
늙은 스님은 수전증의 손을 떨며 중얼거리고
천장사는 가죽을 벗겨 하물하물한 살을 드러내놓고

새들의 궁기를 불러모은다

하늘 가는 길
혹여나 길 잘못 들어 헤맬지 모를까 봐 새는
너른 날개에 바람을 불어넣어 고독하게 솟는다
하늘에 몸을 묻는 일
이제 하나의 숨이 꺼졌으니 다시 태어나는
부리의 족속이거나 뿌리에 기생하는 목숨들이
오늘도 죽음의 끝을 당겨 먹는 나에게 말한다

별거 아니다
죽어서 몸을 던지는 공양 말고 살아서 드리게나
나눈다지만 따지고 보면 내 것의 전부는 그들의 것
내 목숨 안에 있는 이 모든 노래가
그들로 인하여 이룬 살과 뼈니 무엇을 아껴 배부르겠
나

자궁을 이식하다

한 여자가 자궁을 들어냈다 새로운 변종의 종양은 악성이었다 그 꿈의 무게를 들어내기에는 몇 번의 흔들림이 있었지만 이내 자신의 몸에 빈집을 들였다

어둠이 내려오는 집 한 채 짓고 싶다 집짓기에 내 몸의 들보는 완전했고 기둥은 조금 구새먹었지만 천 년은 견딜만하다 부풀어지는 게 부담이었으나 금세 해결된다 밖으로 간이저장소를 내면 된다는 것이 결론이다 몸집을 개축한다는 욕망이 모든 것을 합리화한다

아침마다 불알을 씻는다는 늙은 선생의 말이 부표처럼 떠오른다 몸은 두 성(性)이 섞여 하나처럼 사는 거야 해서 하나의 성(聖)에게 양보를 하고 울화를 저장하지 그래서 귀신은 여자만 있는 거야 억울함이 경계를 넘으면 분노가 되거든 놈들은 지가 잘난 줄 알지 하나를 완성하기 위하여 진물 같은 피가 도는 한쪽 귀퉁이의 허기를 모르는 거야

집을 들이고 싶다 몹쓸 궁전이 되어 허물어졌지만 잡초를 제거하고 깨진 기와의 옆구리를 기우면 싱싱한 피가 돌고 양수가 고이는 작은 집 백만 년을 부서지고 패이고 깎이고 닦인 돌멩이 닮은 둥근 아이를 낳고 싶다

안개 같은 시간이 바람에 밀려간다 깊이 파인 예수의 옆구리가 봉합된다 입을 열지 않던 수선화가 내 안을 보다가 한마디 말을 툭 턴다 안타깝지만 당신은 실성하였습니다

아내를 기다리는 동안에

저놈의 발사체는 고장도 없나
카운트다운 끝나자마자
순간에서 영원을 차분하게 잇는
초록의 길은 좌절도 없나

어린 머리 쑤욱 내밀며
공중 훑으며 봄밤을 송신하는
그리하여 꽃불 쬐는 사람들

저놈들은 지치지도 않나
조그만 입 씰룩거리며
꽃눈을 열며 재잘거리는
야단법석의 뜨거운 통증

어둡고 먼 길 달려온 빛으로
환하게 끓어오르는
울음 터지는 기다림

고백

바로 얘기하겠는데
나는 어머니의 목숨을 먹고 자란 독한 짐승이다
그 분이 흘리신 피를 빨아먹고 자란 버릇없는 나무다
그 분이 짜준 젖으로 요행과 사기를 배웠다
그 분이 문질러주시던 손가락을 잘라
적당히 세상과 타협한 놈이다

어머니가 나를 토해냈을 적에 그리 살라고 하셨겠는가 어느 곳에서도 모서리 없이 둥글게 사신 어머니로 하여금 포식을 하고 가끔 시궁창 냄새를 풍겼다 오오 나는 지상에서는 구제받을 수 없는 불온한 밥이다

시인의 죽음에 대한 편견

죽음은 네모꼴 문자로 설명될 수 있다는 어느 신문사의 모퉁이에서 뜯어진 소포처럼 배달된 그를 만난다 부산 앞바다에서 뛰어내린 지 두 달 만에 떠오른 그는 살점을 어족에게 언어로 풀어서 던져준 흔적이 있다 바다를 무덤으로 가진 사람의 묘지명은 이렇게 시작한다

나 먼저 가네. 친구들이여 잘 있게.

바다를 바라보며 썼을 그의 편지는 아직 살아있음을 노래하고 있다 세상에 대한 염려라는 게 그리 대단하지 않은 것이라서 뛰어내림의 순간을 구속하지 않았다 예순여섯 개의 뼈에 걸린 옷에서 주민등록증과 명함이 발견되었다 몸이 아프다는 것이 바다에 몸을 포개지 않는다 다만 세상은 그의 몇 줄 시로도 충분히 부패되었기에 만신창이로 마무리한 그는 몇 개의 위안을 가지고 있다

나 먼저 가네. 친구들이여 잘 있게.

한 줄을 못 채운 유서는 바다의 유물이다 갈매기 우는 울릉도 부근에 시신이 떠오른 것을 보면 하늘을 나는 가벼움도 배웠나 보다 시인에게 깊은 바다를 떠다닐 꿈과 높은 하늘을 나는 희망이 없다면 얼마나 쓸쓸한 주막의 저녁인가 물렁한 그리움이 없다면 불면의 노동은 얼마나 헛된 것인가

아, 이 땅의 자네들이 그립겠지요. 아직 누릴 수 있는 젊음을 만끽하며 이 세상을 누려보시게.

시신을 끌어올려 안치한 사람들은 무얼 건지려 했을까 시인은 죽음으로 자신의 존재를 나눈다 바다의 한 칸 방을 세들어 간 영혼에게 수선화를 내려놓는다 죽음 앞에서 등 푸른 생선처럼 좌판을 뛰어다녔던 시인은 바다로 인하여 자신을 완성한다

그대의 등

시간의 무게도 별거 아니라는 듯
하르르 흔들리는 갈대의 영혼에게
더 가까이 가서 말을 걸다가
그대의 등을 따라나섰던 길을 보았다
바람이 불었고 사색은 나풀거렸고
다시 길을 지우면서 가을 물처럼 깊어졌다
눈꺼풀이 자꾸만 중력에 짓눌려 내려앉았고
그대는 '참 오래되었지' 하면서
안개가 섭정한 들을 보여주었지만
나는 혀처럼 입안에 숨어있었고
아무 말도 하지 않았다

한때는 분홍을 찾아 도시의 숲에 기대었으나
이제 나무 한 그루의 그늘 빛이 좋아
어디로 가야 한다는 강박은 약박으로 바뀌고
푸른 하늘의 얼굴을 가볍게 가리는 흰 구름처럼
나에게 주어진 시간의 음계를 누르는 일에도 자유로웠

다

그대의 등이 절벽이었던 날들은
먼 기억의 창고에서 먼지처럼 가라앉았고
또다시 나는
등을 타고 올라가던 길을 내려오면서
수직의 비등을 버렸다

철새처럼 그대의 짐을 내려놓고 보니 참 편했다
오랜만에 느껴지는 참을 수 없는 고요다

젖꼭지 위께로 온 손님

왼쪽 젖꼭지 위 작은 선반이 있던 부근에
뭉툭한 통증이 온다
밥을 삼킬 때마다
내가 먹은 밥을 얼른 내놓으라는 듯
웅크리고 있던 애벌레 한 마리가 꿈틀한다

내가 단단한 껍질로 열매가 되지 못했을
스무 해 전에 여린 혈관을 뚫고 들어와
알을 슬어놓고 가을을 넘긴 성충이 있었나 보다
죄의식도 없이 먹어치운
밥의 목숨들로 허기를 채우고
빵빵하게 부풀어진 흰 몸을 뒤척이나 보다

내 속을 다 갉아먹기 전에는
우화를 꿈꾸지 않겠다는 다짐도 있는지
똥 누는 소리 오줌 싸는 소리 침 뱉는 소리
한 숟가락의 밥을 삼킬 때마다 거칠게 들린다

저 눈먼 애벌레를 낳은 성충은
왜 내 몸을 선택하여 긴 겨울을 나게 했을까

내 몸의 애벌레 손님이 통증의 군단을 이끌고
홍해를 건너려는지 의문의 움직임이 다시 포착된다

길이 휜다

자꾸만 왼손에 힘이 간다
햇살은 곪은 상처처럼 내려오고
나무는 장승처럼 얇은 그림자를 거두고
사람들은 수인번호처럼 고개를 숙이는데
청둥오리떼가 점자처럼 흩어진다
그 문자에 살짝 밟힌다
가야할 곳이 그쪽에 있다는 듯
소아마비 온 손처럼 아귀가 헐거워진다
오른 길로 돌아야 하는데 나는
중앙선으로 휘우뚱 쏠린다
위험하다 길이 휘는 해거름
낙타처럼 무릎을 꿇는다

못이 박혔다
크고 단단한 대못
못대가리가 헐고 닳아서 언뜻
바퀴의 숨구멍으로 보인다

조금조금 빠져나간 공기가
내 길을 잃게 했구나
손목에 못을 박고 살면서도
밖에서 뽑으려고 얼마나 흔들렸던가
신형 자동차 전시장 앞에서 춤추는
저 싱싱한 여자는 어떤 못의 상징인가
바람이 분다 길이 휜다

예수와 놀다

밤이 잘 익은 꿈에서 노는데
허름한 이층 셋집에
창백한 예수가 상처를 보이며 안부를 묻는다
붉은 피 홍건하게 흐르는 옆구리에서
살을 떼어주며 먹으라 한다
비 오는 날에 풍기는 비린내
퍽 오래된 상처

그냥 집어넣으세요
당신의 살은 이제 희망이 될 수 없어요
저에겐 상처로 지은 궁전은 필요 없어요
싱싱한 피로 한철을 부드럽게 살다간
산 아래 몸을 웅크린 생명으로
배부르기로 했어요, 굵은 비로 패였어도
뿌리처럼 억세게 아래로 흘러 강이 될
숨결이 지은 안개로 넉넉하기로 했어요

이젠 당신을 밥이거나 피로 건네지 마세요
달구리 전에 세 번 배반할 일이 두려워요
누구를 팔아서 사는 일로 즐겁지 않으면 해요
그냥 가세요
우리가 죄 짓고 사는 일로
벌 다 받으며 살아도 어쩔 수 없는 거예요
다시 찾아오셔서 아픈 손을 내밀지 마세요
저도 이젠 성한 몸을 덜어 베풀며 살아야지요
좀 쉬세요 여긴 걱정 마시구요

상처를 보다

그날 밤 나는 병든 달처럼 쓰러졌고
검고 칙칙한 바닥이 받아주었다
길에는 질투 같은 모래알들이 곤두서서
내 이마에 꽃물을 들이며 박혀있었다
발갛게 피어오른 얼굴을 보면서
새파랗게 취한 골목을 떠올렸으나 낙담이다
아무리 생각을 해도
기억의 창고에는 아무것도 남아있지 않고
챙챙 부딪치면 건배와 음흉한 얼굴이 겹치고
슬픈 눈을 가진 사람이 솟았다가 사라진다

나는 성스러운 책에서 말하는 것처럼
종말이 은근슬쩍 온다는 말씀을 떠올린다
들림과 남음의 경계에는 경건하지 못한
깜박이는 그 숱한 손들의 외침들과
피는 피로 죽고 살은 살로 돋는
짐승의 표적을 들고 거리를 헤매고 싶어진다

그 옛날 죄인의 이마에 먹물을 드리던 묵형처럼
평생을 반성하며 살라고
동그란 기호 안에 한 개의 눈알이 붉은
거울에 비친 그날의 부서진 나 이전의 나는

찹싸알뜨억

빛과 그늘이 혼음하는 도심의 차가운 숲을 가로질러
로마의 애정 경마장 쪽으로 사내가 흘러 들어가며
기우뚱거리는 네모난 생계를 매고 희망가를 부른다

찹싸알뜨억

흰 목청이 네온사인을 떨게 하는
똥광노래방이 반주에 맞춰 울음을 토하는
별별 목숨들이 집단으로 술과 섞이며 초혼을 하는
상강 막 지난 달빛이 저 멀리서 가물거리는
음산하고 날카로운 눈빛들이 내통하는
막연한 어깨에 오른쪽 무릎 아래가 허전한

찹싸알뜨억 찹싸알뜨억

떡 통이 먹통 된 지 오래된
외다리 목발 가장이 허공을 짚으며

뜨억 팔려 가는 휘황찬란한 밤

모래로 지은 밥

어머니께서 모래로 밥을 지으셨다
어느 하나 모래 나라의 백성 아닌 거 없다
모래를 토막 내 구운 자반고등어
모래의 잎으로 담근 김치 한 보시기
모래의 뼈를 고은 하얗고 진한 곰국과
모래의 향신료이거나 조미료로 버무린
숭고한 잔칫상

모래의 혈족인 바위를 깎아 만든 수저를 들고
사막 같은 생각은 공중을 빙빙 도는데
자꾸만 어머니의 피 냄새 땀 냄새가 끼친다
너무 익숙한 밥상에서 뼈가 타는 내음 애가 타는 마음
진동한다, 모래의 살이 지글거리는 밥상

우두커니 서서 물끄러미 바라보는 짓무른 눈
은근한 웃음
눈빛 두 공기

자궁 한 채
기도 몇 그릇
다 빠져나와 곱게 차려진 모래로 지은 저녁

날마다 기도하는 마음을 빻아
고질적인 사랑 닮은 알을 낳으라고
마지막 성찬처럼 차리셨나 보다
그걸 안다고 두억시니처럼 퍼먹기 위해
모래 국물을 흘리며 아주 오래된 밥상에서
징그러운 허기처럼 배부르고 있는 중이다

그리운 흰눈썹황금새

갑자기 바람의 턱에 넘어져
눈 한번 뜨지 못하고
서둘러 먼 길 떠날 때
아내의 슬픈 얼굴 보면 어떨라나

텃밭에서 흰 무처럼 뽑혀 쓰러진
발바닥이 곱던 아우의 어머니
아무 말씀 못 이르고 이승 뜨실 때
그 애틋한 마음 어떠셨을라나

제주 물영아리나 거문오름 부근
아무런 다짐도 없이 날아간 흰눈썹황금새
돌아올 때까지 겨울 바다처럼 목메게 울던
그 가여운 사랑은 어찌 한철을 지냈을라나

시인의 말

낯선 꽃잎에 배를 가볍게 묶어두고, 구름에 눈감고 햇살에 눈뜨다가 퍽 깊은 잠에 들었다고 여겼는데 깨어보니 있던 그 자리에서의 긴 방황이었습니다.

다 안다고 떠벌이던 묵상도 다 모른다고 고백하던 침묵도 아무것도 아닌 그저 밥 먹는 일이란 걸 임께서 가르치셨지만 뉘우침 없이 지나쳤습니다.

나를 풀어 떠날 길 멀지만, 잠시 끓어올라 그대의 말씀 들으며 그늘의 마음을 비추며 놀고 있으니, 첫날이자 마지막 날인 오늘을 신나게 누립니다.

자꾸만 일어나는 흐린 생각에 몸 가누지 못하고 흔들리지만, 물결무늬가 바람만 찾아 떠난다고 비스듬히 턱을 괸 반가사유상의 나라를 잊겠습니까.

2013년 봄

김병기

오래된 밥상

2013년 5월 23일 초판 1쇄 찍음
2013년 5월 31일 초판 1쇄 펴냄

지은이 _ 김병기
펴낸이 _ 양문규
펴낸곳 _ 詩와에세이

신고번호 _ 제319-2005-000014호
주소 _ (120-865) 서울시 서대문구 북아현동 1-495 2층
대표전화 _ (02)324-7653, 070-8877-7653
팩시밀리 _ 0505-116-7653
휴대전화 _ 010-5355-7565
전자우편 _ sie2005@naver.com
공 급 처 _ 한국출판협동조합
주문전화 _ (070)7119-1741~2
팩시밀리 _ (031)944-8234~6

ISBN 978-89-92470-83-4 03810